그날
같지 않은
그 자리

각 페이지 하단의 QR 코드를
스캔하시면 작가의 음성으로 작품을
감상하실 수 있습니다!
(유튜브로 연결됩니다)

그날 같지 않은 그 자리

발행 2022월 03월 10일
지은이 대 지 심
발행인 조 정 익
발행처 소엽산방
주소 경상북도 경주시 산내면 장사길 291-19
전화 054-751-8645
전자우편 finalz2000@naver.com
ISBN 979-11-977875-0-8

ⓒ 대지심, 2022

* 이 책의 내용의 전부 또는 일부를 재사용하려면 반드시 저작권자의 동의를 받아야 합니다.

그날 같지 않은 그 자리

대지심 지음

차례

1부 그 어느 날 이후

반찬	10
다기	11
다시 만남	12
감사	13
봄·오다	14
산수유	15
눈물습	16
민들레 꽃 차	17
시샘	18
산벚꽃	19
흥부암	20
공염불	21
장맛비	22
알랑가 몰라	23
겸손한 늙음	24
빗소리	25
가을	26
차귀도	27
사려니 숲길	28

비자림	29
아버지의 꿈	30
감국	32
세심대	33
단풍	34
회상	35
한마리 매	36
동짓날	37
송년에 부치는 편지	38
입춘대길	39
박목월 생가	40
봄·향기	41
봄·왕국	42
비움의 미학	43
하심	44
팔공산 동봉	45
청마를 보내며	46
토함산	47
봄 눈	48

2부 그날 같지 않은 그 자리

거조암 존자님 1	**50**

청량사	51
아침 풍경	52
향일암	53
멀리 있는 자식들아 미안해하지 마라	54
거조암 존자님 2	55
부모대은	56
그 자리	57
원왕생	58
매화	59
마을 소식	60
작은 연등	61
하안거 결제	62
차. 나 한잔	63
전도몽상	64
습기미제	65
공수래 공수거	66
쑥부쟁이	67
안녕! 병신년아.	68
정유년	69
고맙고 미안하다	70
백중탑	72

1부

그 어느 날 이후

시인의 말

첫 시집 이후 9년 만에 두 번째 시집을 출간하게 되었습니다. 순간 순간이 모두 수행으로 받아들이고 살아가려 노력한 제 삶이었습니다. 조금씩 성장하는 자신을 온전히 바라볼 수 있는 자가 진정한 수행자라는 믿음으로 오늘도 하루를 살아갑니다. ..

2022년 2월, 대지심

반찬

제주도 다녀온 뒤로 끼니때마다
반찬이 늘었다.
비타민C 두 알 눈물 한 방울.
밥과 다른 반찬 맛보다
눈물 한 방울의 맛이
입안에 더 오래 남아있다.
그냥 먹먹하다. 마음이. . .
법륜화가 우리 삼 남매는
삼각기둥이란다.
정말
그런 것 같다.
하나가 빠지면
안될 것 같은……
큰일이다.
연습이 필요한 것 같다.
일주문이 될 수 있도록

2013.1.21.

제주도 아버지 기일에 다녀와서

다기

오늘은
다기를 바꿔 놓았다.
가볍고 투명한
유리 다기로
나도
맑고
가벼워 지길 바라며……

2013. 1.24

다시 만남

2013년 2월 26일
10년 만에
스승님을 뵈었다.
☺

♪♪

☹

!......

감사

맑은 정신으로
정진할 수 있어서
감사합니다.
가벼운 몸으로
정진할 수 있어서
감사합니다.
이 새벽에
스승님의 은혜에
감사를....

2013. 3. 2

봄 • 오다

유난히 모질게도 추웠던 겨울.
올 것 같지 않던 봄이
오긴 오나 보다.
아침부터 목 놓아
님을 찾는 산비둘기 소리가
온 산을 헤매 이네
야들아!
님보다는
남 일 때가 좋느니라……

2013. 3.9

산수유

해마다 봄이 되어도
꽃을 못 피우던
우리 집 산수유가
십 년이 넘고도 2 년이 더한
인고의 시간을 지나 올해에야
시절 인연이 도래되어
시간 속에 갇혀있던
형상 없는 이야기 들을
가지마다 줄기마다
샛노란 꽃으로
피워내니
그래서 이 봄이
빨리 오는구나..

2013. 3. 10

눈물습

내가 쓴 시를 내가 읽고
내가 웁니다.
내가 쓴 시를 읽고
참 많은 사람들이 웁니다.
나만의 시간 속에 갇혀있던 눈물들이
세상 밖으로 나오니
가둬 둘 곳이 없어
많은 이의 눈물이 되어
흘러가나 봅니다.
언제쯤 담담하게
읽을 수 있을까요.

2013. 3.20

민들레 꽃 차

민들레 꽃 따서
데쳐 널어놓고
아껴 두었던
백초차 한 입 머금으니
아끼지 말고 먹으라고.
또 보내주신 다던
스승님 생각에......

2013. 4. 15

시샘

앵두꽃 하얗게
눈꽃처럼 피어나는데
일찍 온 봄을
시샘하는 바람이
며칠째 세차게 몰아치네
밭에 뿌린 씨앗은
다   날아가고
일찍 튼 감자 싹은
흰 눈을 몇 번이고 지고
상처 한두 군데
없는 싹이 없네
그래도 감자는 자라듯이
우리들도 마음에 상처
한두 개 없는 이가
있겠는가
그래도 그냥
살아간다네……

2013. 4. 17

산 벚꽃

산 벚꽃
버짐처럼 온 산에
번져갈 때
그 물결에 이끌리어
부여 무량사를 다녀왔다
지난가을부터
벼르고 벼른 무량사행
불·보살님 세분은
새 옷 단장(개금불사)으로
뵙지 못하고
내 시집 한 권 공양 올리고 경내
한 바퀴 돌아 보고
돌아왔다.
그래도
속이 후련하다.

2013. 4. 18

흥부암

관음의 가피를 입은
대법심이
자기 딸의 생일이기도 한 관음재일에
그 원력으로 찾아가는
첫 절
뜨거운 법열
한 움큼
그대 안에 심어 오시길……

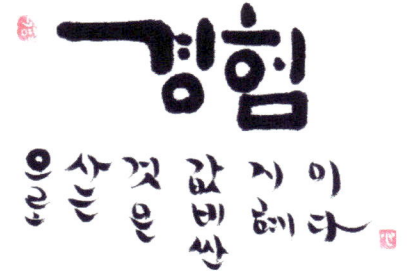

2013. 5. 3 (음 3. 24) 딸이 혼자 처음 절에 간 날

공염불

이렇다 저렇다
말할 게 없네
세상사 인간사
이미 다 정해져 있는 걸
우리는 그 흐름에
흘러갈 뿐
노는 입에 염불이나 합시다.

2013. 5. 8

장맛비

추적추적 하염없이 내리던 장맛비에
백중이도 날궂이를 하더니
오랜만에 날이 개었다.
산과 들에 나무와 풀잎은
기름을 바른 듯 윤기가 나고
찬란한 햇살에 청량한 바람까지……
아! 좋다
그런데 저 밭에 풀은 어찌할거나……

2013. 7.8

알랑가 몰라

온종일
화엄경을 독송했다.
고개 들어 산과 들, 하늘을 보니
그 모두가 그대로
화장세계인 걸
사람들은
알랑가 몰라.

2013. 7. 9

겸손한 늙음

늙는다는 자연 순리
남들에게 민폐 안 끼치고
적당히 건강하면
참 좋은 늙음 일 거야
매일 처음처럼!
매 순간 맑게!
모든 인연에 감사를...!

2013. 7. 17

빗소리

빗소리 또닥또닥
얌전히 내리는데
향 한 대 사르고
녹차 한 입 머금으니
온 산천이 그대로
내 입안에
들어오네..

2013. 9. 6

가을

집 뒤에 키다리 포플러는
지나가는 바람에도
파도 소리를
토해내고 묵힌 밭에는
하얀 들안개꽃이
레이스처럼 하늘거리네
이제 아침저녁으로
긴 소매 옷을 챙기게 되는
청량한 바람의 계절
누구나
옷깃을 여미는 나그네가
되어 만행을 떠나고픈 계절
가을!!!

2013. 10. 2

차귀도

사람 없는
무인도에
뭇 사람들의
바램만
펄럭이는
차귀도.

2013. 10. 12
제주도(엄마기일)

사려니숲길

산수국 한 잎 두 잎
피어나고
길섶의 조릿대
성긴 바람에도
사각거리는
사려니숲길.

2013. 10. 13

비자림

천년의 세월을
품고 품어
넓은 가슴이 된 비자나무들
그 팔들을 모두 벌려
오는 이들을 안아주는
비자나무 숲길.
세월의 이야기들이
두런두런 들리는 돌담길을 지나
비자림 혈자리의 생명수 한 모금 마시니
부드러운 물의 기운이 온몸으로 퍼지네
비자림을 거닐은 모든 이의 마음을
부드럽게 하리라.

2013. 10. 13

아버지의 꿈

오랜 시간에 걸쳐 어렵사리
장만한 사진기였지만
형편이 어려워 출사 한번 못 나가시고
장롱 앞에서
사진기만 닦고
또 닦으시던 우리 아버지.

발등 위에 올라서면
내 손을 잡고 걸어주시던 아버지.
아버지 허리를 감싸고
얼굴을 배에 묻을 때
그때 그 체취가 그립습니다.
아버지!

아버지께서 하시고 싶었던 출사의 꿈을
작지만 제가 했습니다.
제 5 회 청송 주산지 관광사진 전국 공모전에서
"부도탑"으로 입선을 하였습니다.

이 상장과 상금을 아버지 영전에 바칩니다.

아버지!

보고 싶습니다.

하지만 이제

고이 놓아드리렵니다.

이 생에 자애로운 나의 아버지셨던 춘담 거사님!

세세생생 편안하시고

성불하십시오.

*입상작〈부도탑〉   2013. 10. 14

감국

샛노란 감국이
앙증맞게 피었네.
꽃 한 송이
찻잔에 띄워
이 가을을
마신다.

2013. 10. 17

세심대

차가운 산 바람에
옷깃을 여미고
길을 나섰다.
벌써 동네 논에는
가을걷이가 끝나고
텅 빈 논바닥엔
발가벗은 허수아비만
덩그러니!
그 모습을 뒤로하고
가랑비 내리는
옥산을 찾았네.
옛 선비들의 풍류는
바람 따라 물 따라
흘러가고
아무도 없는
세심대 에서
더러울 것도 씻을 것도
없는 마음만
찾다 돌아왔네

2013. 10. 22

(비 오는 옥산서원을 다녀와서)

단풍

단풍이 곱게 물들어
가을이 깊었나 했더니
새벽녘 무덤새 소리에
깜짝 놀라 달력을 보니
오호!
어느새 입동이구나.
또 한 번의 겨울을
기대해 본다.

2013. 11. 5

회상

희끗 희끗한
내 머리카락처럼
날리는 눈을
보고 있노라니
3~40대의 치열했던
수행의 시간이 없었더라면
전쟁처럼 처절했던
나의 50대는 견디지
못했으리라.
이제
다시 한번 치열한
60대를 시작하려 한다.
아름다운 마무리를
위하여......

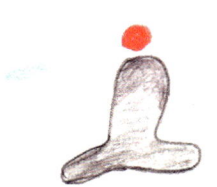

2013. 12. 14

한 마리 매

하늘도 땅도
꽁꽁 언 날
매 한 마리 낮게
원을 그리고 그리다
저 멀리 산 너머로
날아가 버리네.

2013. 12. 15

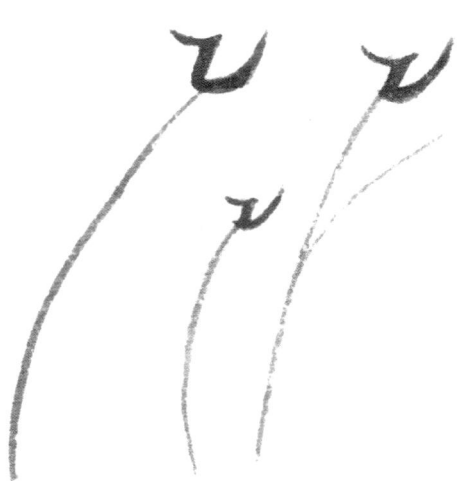

동짓날

석굴암 부처님께
새벽 예불 올리고
따끈한 동지팥죽
한 그릇 먹고
산문을 나섰다.
차가운 눈바람을 맞으며
몇 년 만에 찾아온
내 어머니 산골 한 곳
내 조카 산골 한 곳.
그대 들은 흔적도 없는데
내 가슴엔
흔적이 남아
동지 새알 같은
눈물 한소끔 뿌리고 왔네.

2013. 12. 22

흰 눈 온 동짓날

송년에 부치는 편지

한 해 동안
같은 하늘 아래
같은 땅 위에서 함께
할 수 있어서
고마웠습니다.
또 한 번의
일 년을 기대하며
건강하시길……

대지심 합장

2013. 12. 29

입춘대길

꽃 핀다.
꽃 진다.
또
피고 진다.
하
하
하

2014. 2.4

박목월 생가

우리 집에서
멀지 않은 곳이지만
가보지 못 했던 곳
막바지 복원 정비가
한창인 박목월 생가
같은 시공에서
존재하지 못하는 아련함에
눈물이 핑 돌았다.
아련한 그리운 님!
아련한 고운 님!

2014. 2. 25

봄 향기

바람 따라　내 곁에 온
매화꽃향기 맡으며
밭에 거름 넣고 비닐 씌워
봄 농사 준비를 마치고
따스한
햇살 아래 앉아
찻잔에 매화 한 잎 띄우니
세상의 봄이 내 잔에
가득하네.
오는 봄 만 즐기면 될 것을
세상 사람들은……

2014. 3. 24

봄. 왕국

우리 집 울타리에
노란 별빛이 내려앉고
내 방 창 밖엔
분홍빛 매화가
바글바글 피어난다.
집 뒤에 살구꽃도
준비 완료
이제 터지기만 하면
사방이 봄 왕국 꽃 천지다.

2014. 3. 28

비움의 미학

소리 없이 봄비 오는 아침.
찻 잔에 매화 두 잎을
띄워 봤습니다.
향이 더 진할 줄 알았는데....
역시 자연은 욕심을
내지 않는군요.
하지만
꽃봉오리는 잔 속에서
최선을 다해 만개합니다.
욕심은 인간들만의
몫 인가 봅니다.
소소한 일상 속에서
비움의 여유를 배웁니다.

2014. 3. 29

하심

녹차 잔에 매화를
띄우면 매화 향기만 나고
녹차 잔에 산국을
띄우면 국화 향기만 나네
녹차는 완전하게
자신의 향기를 버리고
매화와 국화의 향기만을
더욱 돋우어
향기롭게 하네.
따뜻한 녹차 한 잔에서
지극한 하심을
배웁니다.

2014. 3. 31

팔공산 동봉

아카시아. 찔레꽃 향기
온 산천에 퍼지고
뻐꾸기 우는
초여름의 문턱에
생전의 아버지 생신이었던
오월의 장미가 눈부신 오늘....
그동안 길을 몰라서 못 갔는데..
18년 만에 찾아온
내 아버지 산골 한 곳
팔공산 동봉.!
정상에 우뚝 선 약사 부처님 앞에
향 한대 사르고 차 한잔 헌다하고
두 손 모아 합장하고
아버지께도 차 한잔 공양 올리니
눈물이 핑!
부모 미생전 내 아버지의 딸로 받아주심에
감사드립니다.
아!!! 무심한 십팔년...

2014. 5. 23(음. 4. 25)

청마를 보내며

석굴암
부처님 앞에
두 무릎 꿇고 앉아
소중한 인연 들을
생각합니다.
지금 이 순간
내가 빛날 수 있는 것은
내가 아는 그대들이
제자리에 있기 때문입니다.
고맙고 그리고 감사합니다.
다시 새해를 맞아
가시는
걸음 걸음마다
불보살님의 가피가
충만하시길 발원합니다.

2014. 12 .31 산속마을에서 대지심 합장

토함산

일 년 만에 다시 찾은
어머니 산골 한 곳.
구운 약밤 두 알
헌식하고
멍하니 서 있다가
소리 없이 불러보고
합장하고 돌아섰네..

2015. 2. 22

봄 눈

쇼팽의 피아노 협주곡이
잔잔히 흐르고
봄눈 내리는 창가를
바라보며
지난봄에 만들어 놓은
12 화차 한 잔 머금으니
봄꽃들이 어우러져
입안에서 만개하네.

2015.3.3

〈12 화차〉

제비, 유채, 모과, 으름, 찔레, 매화, 탱자, 살구, 산복숭, 아카시아꽃, 인동초, 골담초.

2부

그날 같지 않은 그 자리

거조암 존자님 1

무심한 듯
기다리시고
안 보시는 듯
다 보시고
소리 없이 이야기하시고
아무도 모르게
힘을 주시는
거조암 존자님들
보이지 않는 것을
보았고
들리지 않는 것을
들었습니다.

2015. 3. 16
거조암 일 년 기도 입제.

청량사

청량산 청량사
약사여래불 계신
유리보전.
청량한 바람 불어와
청량한 기운으로
다겁생의 옛 인연은
고이고이 보내드리고.
몸도 마음도
청량하게 돌아왔네.

2015. 3. 28~29

아침 풍경

아침 산책길
길섶에 돌배나무는
뭉게구름 같은
흰 꽃송이를
피워내고
언덕배기에 줄 딸기는
분홍 보라꽃을
줄 세우고
온 산은
솜털 같은 연둣빛으로
솜사탕처럼 커져간다.

2015. 4. 18

향일암

진 참회의
피눈물 같은
동백은
뚝뚝 떨어지고
대일여래 향한 관음전에
가만히 앉아
살포시 두 눈 내려
좌선에 드니
어둠 이내 사라지고
이 몸은
있는 듯 없는 듯
백호 광명 눈부시니
이 모두가 그대로
비로자나구나.

2015. 4. 18~19
여수 향일암 관음전에서 정진후.

멀리 있는 자식들아 미안해하지 마라

한해 한해
해가 거듭될수록
카네이션의 무게가 무거워집니다.
나이 들어가는 자식들이
엄마에 대한 감사와 고마움의 마음이
깊어지기 때문입니다.
나를 세상에서 더 빛나게 해주고
모든 존재와 인연에 대한
감사와 고마움을 깨달으며
한 걸음 한 걸음 멋진 어른이 되어가는
아들, 딸, 며느리, 사위들이
자랑스럽습니다.
그리고
이제 내가 없어도 괜찮다는
생각에 마음이 든든합니다.
그래서 나는 오늘도
흐뭇한 마음으로
또 셀프 카네이션을
달았습니다.

2015. 5. 8 을미년 어버이날에

거조암 존자님 2

내가 애써
님 찾지 않아도
님은 내가 온 줄
다 아시며.
행여 내가 오지 못해도
님은 내가 그리워
하는 줄 다 아시네.
그 뜻이
내 뼛속에 아려
두 무릎 꿇게 하시네.
간절하게...

2015. 8. 24

부모 대은

친정 아버지 춘담 거사님!
친정 어머니 대일광 보살님!
따사로운 봄 햇살 아래
잔잔한 호수 같은 마음과
대일여래 나투신듯한 지혜로써
삼남매를 키워주신 부모님!
살아생전과 돌아가실 때까지
다 보여주시고 가셨지만
모르고 살아온 많은 시간들
자기 스스로
육신과 마음에 생채기 내며
살아가는 어리석은 자식들.
처렴상정하는 연꽃처럼
생채기 낸 상처에서
연꽃이 피어날 때
그때는 알겠지요.
모두가
대일여래 비로자나인 것을…

2015. 8. 28 (우란분절에)

그 자리

지난해에 마신
가을을 토해내어
이 산 저 산
곱게 단풍으로
물들이고.
찻잔에 띄웠던
산국은
그 자리에 그대로 두고
지금의 찻잔에
고요를 채우니
바라보기만 했던
먼 산들이
벌써부터 나를
지켜보고 있었네..

2015. 10월의 마지막 날에

원왕생

스님의
절절한 축원
원왕생
원왕생.
죽은 영가들은
알아 들었는가.
살아있는 영가들은
알아듣겠는가.

2016. 3. 23.

은해사. 열반재일에

매화

담장 안에
매화는 만발했는데
담장 밖에
행인들은
그 향기를
모르네.

2016. 3.25 새벽에

마을 소식

꽃 피는 마을의
소식은
간간이 듣지만
빤히 보이는
이 길이
멀고도 멀어
얼마나 더 몸부림쳐야
다다를 수 있나?

2016. 3. 30. 저녁에

작은 연등

화창한 햇살 아래
작은 연등 하나 달고
고요하고 고요해서
오고 감이 없는
부처님 오신 뜻은
자등명 법등명
자심 청정 이더라.

2016. 5. 14 초파일

하안거 결제

반야의 세계에
결제와 해제는
없지만
지금의 결제는
그 세계로 나아가려는
나의 몸부림.

2016. 5.21 하안거 결제일.

차. 나 한잔

장미꽃이 화려한
오월의 마지막 날
팔공산 신장님 옹호아래
무사히 동봉을 다녀왔다.
약사여래불전에
차 한잔 헌다하고
가만히 앉아서
청량한 바람 가슴에 안고
흰 구름머리이고 춘담거사와
차 한잔하고 왔지요.

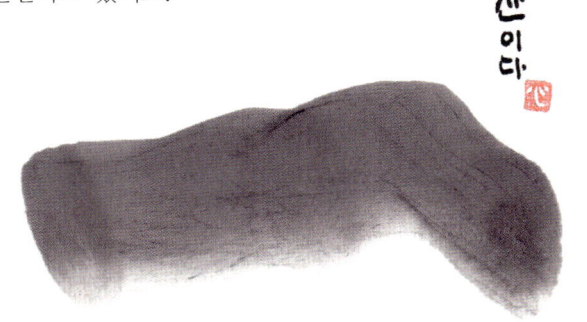

2016. 5.31 (음 4.25)
아버지 생전 생신날.

*춘담거사님 : 아버지 생전 법명.

전도몽상

아침 스트레칭의
마지막 단계
짐볼에 누워서
열린 욕실 문으로 보이는
가지런한 칫솔과 세면도구들
그 물건들이
거꾸로 보이는 순간
어쩔 수 없이 남아있는
나열된 시간들이
멈춘 것 같은
지겨운 느낌으로 다가왔다.
어느 것이 전도몽상인지...

2016. 8. 20

습기미제

내 삶의 계절은
어느덧
가을빛으로
발아래 떨어지고
생과 사는
이미 상관은 없지만.
생각의 오만으로 만든
육신의 고통은
습기미제라.,

2016. 9. 7 백로.

공수래 공수거

오늘 어금니 두 개를 뽑았다.
솜으로 눌러 막고
버스를 타고 오면서
문득 생각이 났다.
고등학교 시절
이빨이 예쁘다고
건치 대회에 나가 보라고
치과 선생님이 추천해 주신 이빨이
이제 하나 둘씩 빠져나가
윗니는 영구치가 4개 밖에 없다.
웃음이 나왔다.
이빨도 돈도 근육도
자꾸만 빠져나간다. 흐흐흐.
채우려 하지 마라.
빠져나간 그대로도
가벼워서 좋다.

2016. 9. 8.

쑥부쟁이

가을을
재촉하는 비를 맞으며
쑥부쟁이 한 움큼
찻상 위에 꽂아놓고
이 가을을 준비한다.

2016. 9. 29

안녕! 병신년아

영하의 날씨에 창문 활짝 열고
먼지 틀어내고 스팀청소기로
바닥 때 닦아 내고 베이킹소다 묻혀서
부엌 싱크대 식탁 말끔히 닦아내고
창문 틀에 먼지 다 후벼내고
재활용 쓰레기 정리하고
두 손 깨끗이 씻고 책상 앞에 앉아서
병신년을 보내려 한다.
또 한 번 잘 살아낸 한 해....
안녕!
병신 같은 병신년아..!

2016. 12. 31

정유년

그년이 그년 같고
어제 가 오늘 같은
흔적 없는 시간의 흐름에
사람들은 새해라고 한다.
다시 한번 심기일전해서
또 한 해를
잘 살아내시기를....

2017. 1. 1

고맙고 미안하다

아침에
일어나서 할 일이
한 가지 없어졌다.
따뜻한 물 받아서
백중이한테 주는 일
펄쩍 뛰어
나를 쿵 밀어 부치고
도망가고 하던 장난도
없어지니 기운도 빠진다.

아무도 모르게 귓속말로
백중아 사랑해 하면
두 눈을 빤히 들여다보던 너
그것이 너의 사랑 표현이란 걸 알아.
마음은 슬프지 않은데
눈에서는 눈물이 그치질 않는다.
내 몸에 백중이가
너무 익숙해져 있나 보다

너가 숨을 고르고
그 순간을 받아들이는
너의 눈빛에 나는 목줄을 풀었다.
이제 너와 나의
세속 인연의 연결고리는 풀어지고.....

나는 너를 아낌없이
후회 없이 사랑했고
너 또한 나에게
참회를 할 수 있는 기회와
위로와 사랑과 충성을
변함없이 주었다.
너한테서 받은 게 더 많구나
고맙고 미안하다.

이제 할 일을 하나 찾았다.
너의 소박한 돌무덤에
돌 하나씩 올려놓는 일,...

2017. 1. 21.

(2017. 1. 19. 10:37) 15 살 백중이가 뇌졸증으로 세연을 다하다.

백중탑

매화 나무가지에
빗방울 꽃이 맺히는
비가 옵니다.
봄비가
백중이 와 같이 걷던
두충나무 숲길을
이제
나 혼자 걷다가 가만히
백중탑을
내려다보니
너무나 고요하고 고요해서
부럽습니다.
백중이는 좋겠다.
아름다운 기다림이....

2017. 3. 21

시인의 감사인사

☆두두 물물이 내 몸 아님이 없고, 천지 만물이 스승 아님이 없지만 마지막 장의 인사를 스승님께 보낸 답글로 대신하겠습니다.

〈갑오년 하안거 해제 법문에 답하다〉
휘영청 달은 밝은데
눈멀고 귀먹어 서럽습니다.
모든 인연에 감사드리며
혜명도를 이루시고 성불하십시요.

대지심 합장.

갤리그래퍼 : 오상열 작가